LA EUCARISTÍA
Y EL PAPADO

O SEA
LA PRESENCIA INVISIBLE Y VISIBLE
DE JESÚS EN LA TIERRA

P. Mario Mineo Janny
(f. s. XIX)

La Eucaristía
y el Papado

O SEA
LA PRESENCIA INVISIBLE Y VISIBLE
DE JESÚS EN LA TIERRA

✠

HOMENAJE A JESÚS REDENTOR
Y A SU VICARIO EN LA TIERRA, LEÓN XIII

Traducción de Patricio Shaw Mihanovich
Edición al cuidado de José Antonio Bielsa Arbiol

VOCE

1.ª edición: abril 2022

Ilustración de cubierta: *Última cena*, de Andrea del Sarto.

© De la traducción: Patricio Shaw Mihanovich

© **VOCE**

Maquetación y revisión: José Antonio Bielsa Arbiol

ISBN: 979–8800–732–16–0
Depósito legal: Z 588–2022
Impreso en la UE

Venta y distribución: Amazon Media EU S.à r.l.

ÍNDICE

✝

OH JESÚS DULCÍSIMO
QUE
LAS INEFABLES MARAVILLAS DE TU AMOR
COMPENDIASTE
EN LAS FASCINANTES OSCURIDADES
EUCARÍSTICAS
Y EN LOS DIVINOS ESPLENDORES DEL
PAPADO
REVELA
LA INFINITA BELLEZA DE TU CORAZÓN
A LAS ALMAS DE LOS REDIMIDOS
PARA QUE ENTIENDAN
QUE SU SALVACIÓN ERES TÚ
SOLO TÚ
CAMINO VERDAD VIDA
INVISIBLE EN EL ALTAR
VISIBLE EN TU VICARIO

Caltagirone, en el día consagrado
a los SS. Apóstoles Pedro y Pablo

Papa León XIII
(20 de febrero de 1878–20 de julio de 1903)

I
EL EMMANUEL

Uno de los nombres más bellos y más significativos que los Profetas han dado al Mesías, es sin duda el de *Emmanuel*; palabra hebrea que en nuestra lengua significa *Dios con nosotros*. Y Nuestro Señor, que era el Mesías prometido y esperado, aseguró solemnemente a sus Apóstoles, que representaban su Iglesia, que estaría con ellos siempre, hasta el fin de los siglos; *Ecce ego vobiscum sum usque ad consumationem sæculi.*

Estaré con vosotros. Es una palabra seria; y Él, que es infinitamente veraz, no podía no mantenerla; y la ha mantenido de hecho, y se quedó con su Iglesia, para asistirla, para consolarla, para guiarla, en el curso de los siglos, a perennes y siempre espléndidas victorias.

Sólo resta saber de qué modo haya permanecido con nosotros.

Y la respuesta es fácil: se ha quedado en su Iglesia real y sustancialmente presente en la divina Eucaristía bajo las especies del pan. Es aquí que Él, Esposo de la Iglesia, y Esposo que ha probado su amor infinito con un infinito Sacrificio, quédase con la Esposa querida dándose enteramente a Ella y haciéndola feliz con su presencia real y continua; es aquí que Él es en verdad el Emmanuel, es decir Dios con nosotros.

Y la Iglesia Católica, señalando los santos Sagrarios donde Él está de Prisionero de Amor; señalando la blanca Hostia consagrada en la cual, bajo las apariencias del pan, cree realmente presente a su celestial Esposo, da en cánticos de júbilo y alegría y repite, en el impulso de un entusiasmo inefable, las palabras de Isaías: *Ecce Deus Salvator meus; fiducialiter agam et non timebo.*

Ésta es hoy la fe de la Iglesia Católica; ésta fue siempre. Desde hace diecinueve siglos, ya cumplidos, ella, delante del cielo y la tierra, a pesar de las audaces denegaciones de la herejía o del libre pensamiento, adora a su divino Fundador y lo rodea de ternura y amor en la divina Eucaristía.

Y no es sólo la Iglesia Católica que ha conservado intacta esta fe a través de los siglos; también la Iglesia griega, que lleva tanto tiempo separada de la Iglesia Romana, conservó, como uno de los dogmas más consoladores e innegables, éste de la presencia real de Jesús en el Santo Sacramento.

Ahora bien, si Jesucristo se hubiera limitado a permanecer en medio de nosotros sólo en la divina Eucaristía, habría permanecido de modo incompleto y, si no del todo inútil, ciertamente muy poco útil, por el hecho de que poco o nada habría beneficiado a su Iglesia que Él permaneciese realmente presente, pero del todo invisible, oculto en un escondrijo impenetrable a cualquier mirada creada, en estado de muerte aparente, de aparente inactividad, en un silencio que nunca habría de romperse. En tal caso, menos afortunados que los Apóstoles y las multitudes, nunca podríamos verlo ni escuchar su divina voz. Él habría de ser siempre el Hombre de Dios, nuestro Salvador, el Pastor supremo de nuestras almas, el Jefe de la

Iglesia; pero nosotros nunca veríamos nada; nunca oiríamos nada; ninguna claridad tendríamos de Él y de su presencia real y sus relaciones con nosotros; tinieblas espesísimas lo envolverían y no tendríamos de Él sino los consuelos espirituales de la gracia al comer sus carnes santísimas, o adorarlo. ¡Algo muy diferente necesitábamos tener; y nos hacía falta mucho más para satisfacer nuestros deseos y nuestras aspiraciones!

Lo diré; si Jesús se hubiera quedado con nosotros exclusivamente en la Santísima Eucaristía, lo habríamos tenido, sí, entre nosotros; pero no todo, no entero, no con aquella perfección que requería el sobrenombre de *Emmanuel,* o Dios con nosotros.

Y Él, el buen Maestro, ha cumplido nuestros deseos quedándose con nosotros en otro misterio que es, bajo este aspecto, paralelo al Misterio Eucarístico, quiero decir el Papado; pues también él es Jesucristo con nosotros, de modo totalmente diferente, se entiende, pero tal, que en ambos misterios la Iglesia posee a su Esposo y Salvador completo, entero, perfecto, por cuanto en la Eucaristía está la presencia real de Jesucristo y en el Papado su presencia moral; en la Eucaristía está Jesucristo invisible, mudo, aparentemente inactivo, en el Papado en cambio es visible, habla y obra, rige y gobierna su Iglesia. Lo que falta en la Eucaristía es suplido en el Papado; en la Eucaristía y en el Papado el divino Salvador cumple perfectamente su promesa y es, en el plenísimo sentido de la palabra, el *Emmanuel*, es decir Dios con nosotros.

Estas relaciones, tan evidentes cuanto estupendas, entre la Eucaristía y el Papado, me parece oportuno que estén registradas en esta hora solemne que es el principio del siglo XX. Y si es lícito esperar que el siglo comenzado sea el siglo del Sacramento, es indudable que en igual tiempo será también el siglo del Papado. La aurora espléndida que nos promete estas nuevas maravillosas victorias de Jesucristo, ya la hemos visto.

El final del siglo XIX asistió a este delicioso espectáculo: que el amor de los católicos, reavivado, a pesar de la guerra feroz que los impíos hicieron al Nombre dulcísimo de Jesús, se concentró en Jesucristo presente en la Eucaristía y en el Papado. El mundo, por larga y dolorosa experiencia, debería ahora sentir que, sin Jesucristo, perdido el derecho *camino*, no es posible la verdad, no es posible la vida. Si no hoy, lo sentirá mañana; y si no el amor, entonces el miedo y el espanto de nuevas y más terribles catástrofes lo traerán arrepentido a los brazos del Papado, que lo llevará al Corazón de Jesucristo y le dará la paz.

Jesucristo vencerá, reinará, imperará, y el siglo XX será el siglo de la Eucaristía y del Papado.

II

LO VISIBLE
Y LO INVISIBLE

¿Quién es Jesucristo?

Es el Hijo de Dios, el Verbo del Padre, la segunda Persona de la Santísima Trinidad, que se ha hecho hombre; es decir, que ha tomado la humana naturaleza uniéndola a su Persona divina; de modo que en Él hay dos naturalezas, la divina y la humana, pero en una sola persona, la Persona del Verbo.

Él es pues Hombre-Dios; es el invisible hecho visible. Este es el concepto que debemos tener presente para dirigirnos al desarrollo de nuestro tema.

Dios invisible se hace visible en forma de siervo; de modo que, como dice Agustín: *objiciebat adspectibus hominem humanis, cœlans intus Deum.*

Así pudo ser visto, oído y tocado, por

17

ser en todo semejante a los hombres, excepto en el pecado. Y los Apóstoles, con San Juan, pudieron decir: *quod vidimus oculis nostris, quod auribus nostris audivimus, et manus nostræ contrectaverunt de Verbo vitæ annuntiamus vobis.* Él apareció en la tierra en medio de los hombres como uno de ellos, sujeto a todas las limitaciones y debilidades de la humana naturaleza. Y los hombres lo vieron, lo oyeron y lo tocaron por el hecho de que Él nació, creció, vivió, trabajó y después predicó, cual si hubiera sido un hombre como los demás. Lo exterior, lo visible era perfectamente humano; pero no era sino la forma sensible de la invisible divinidad, la cual, en horas especiales, se mostró en destellos de luz estupenda, y en obras y palabras incomparablemente superiores a las de todos los demás hombres.

Ahora bien, toda la vida —por lo demás brevísima— del Hijo de Dios encarnado, puede dividirse en dos épocas, en dos períodos, de caracteres netamente separados y profundamente diferentes, aunque y uno y otro sea por igual una manifestación de la caridad infinita: la vida pública y la privada. La vida privada transcurre del nacimiento al bautismo de Juan, durante treinta años; la pública después hasta el Calvario por tres años. De una y otra el carácter general es la oscuridad; pero en la primera, esta oscuridad, con excepción de algún día o alguna hora, es más profunda y más densa; en la segunda, es menos profunda y menos densa; en la primera es más similar a la vida de los otros hombres; en la segunda está la manifestación bastante espléndida de la Divinidad, pero siempre entre las sombras de la humanidad.

La vida privada de Nuestro Señor es un misterio inefable por el escondimiento total; por el hecho de que en ella el Hijo de Dios aparece infante, niño, muchacho, obrero, trabajando bajo la dirección de aquel que todos creen ser su Padre, y siempre en compañía de la Madre. *Nonne hic est filius fabri et mater ejus dicitur Maria?* La sombra del más denso misterio esconde enteramente en las formas humanas el Verbo de Dios.

La vida pública es, aún ella, un misterio inefable, pero sobre todo por la brevedad. En treinta y tres años, los tres de la vida pública son como un relámpago. Sin embargo, en aquel período brevísimo el Hijo de Dios levantó un poco el velo que cubría su divinidad. Él habla como Dios, obra como Dios, ejerce poderes divinos, escoge a los Apóstoles, les comunica todos los poderes necesarios para la fundación de la Iglesia, los instruye en su escuela en todas las verdades, predice lo que les está reservado en el futuro, da órdenes y promesas, muere como Hombre-Dios. Todo ello es revelación de su divina naturaleza, bastante clara para atraer el asentimiento de la mente, pero no totalmente clara, para no excluir la fe.

En general toda la vida de Jesucristo es tan divinamente humana y tan humanamente divina, que desde hace diecinueve siglos forma el estupor de las más escogidas inteligencias y de las almas más escogidas. Primero este milagro de divino y humano, de invisible y visible, que es la persona santísima de Jesucristo, permaneció en la tierra, en un rincón de la Palestina, y sólo por muy poco tiempo; luego, después que resucitó, dejó la tierra y volvió al cielo.

Sin embargo, había dado solemne promesa de que permanecería para siempre con sus discípulos, en su Iglesia, hasta el fin de los siglos. Y nosotros hemos dicho que Él verdaderamente se ha quedado en la tierra en dos formas; en la Eucaristía y el Papado. Y así, el Santísimo Sacramento es Jesús con nosotros y el Papado es otro tanto. El Papado completa la Eucaristía; Eucaristía y Papado son entrambos todo lo que fue, es y será siempre Jesucristo para su Iglesia. La realidad perfecta de su ser, en la santísima Eucaristía; la realidad perfecta de sus poderes, en el Papado; lo que falta en el ejercicio de los poderes en la Eucaristía, está todo en el Papado; lo que falta a la realidad del ser en el Papado, está en la Santísima Eucaristía. Jesús, Hijo de Dios y de María, Salvador del mundo, está en la Eucaristía verdadera, sustancial, perfecta, pero invisiblemente; Jesús, jefe de la Iglesia, Pastor de su redil, piedra angular de la mística casa, Monarca de su reino, está en el Papado, pero moral y místicamente, aunque en forma visible; en el Sagrario está la presencia real, en la cátedra romana está la presencia moral.

III
VIDA OCULTA

Contemplemos a Jesús presente en la divina Eucaristía.

Para hacerse ver, oír, tocar por los hombres el Verbo de Dios, *cum in forma Dei esset, semetipsum exinanivit formam servi accipiens, in similitudinem hominum factus et habitu inventus ut homo.* Para hacerse semejante a los hombres, por así decir se aniquiló, ocultando en forma de siervo la forma de Dios, es decir, en la naturaleza humana la naturaleza divina. Así los hombres han podido ponerse en relación con Él, y Él dijo, como había anunciado el profeta: *Ego ipso qui loquebar, Ecce adsum.* Estoy aquí; heme aquí en medio de vosotros, yo mismo que os hablé con los profetas, os hablo ahora con mi propia boca.

Pero la caridad infinita de su corazón quiso extender a todos los hombres la suerte de poder ponerse en relación intimísima con

Él; e instituyó la Eucaristía, el Sacramento de su presencia real, en el mundo, en todos los puntos de la tierra, y para todos los siglos. La Eucaristía es una nueva forma, una forma más humilde, en que escondió no sólo los esplendores de la Divinidad, sino aún los suavísimos atractivos de la humanidad. Encarnándose se presentó a las miradas humanas como un hombre; pero en el hombre estaba escondido Dios; quedándose en la Eucaristía presenta a nuestros ojos la forma del pan, que es el escondrijo más oscuro y terrible en que ha desaparecido también la forma del hombre; ha desaparecido también la visible naturaleza humana, en la cual estaba escondida la invisible naturaleza divina. A nuestros sentidos se presentan los accidentes del pan, en la Eucaristía; pero la fe nos enseña que la sustancia del pan se convirtió en la sustancia del Santísimo Cuerpo de Jesucristo, y que Él está allí, con el cuerpo, con el alma y con la Divinidad; Él está allí, todo, entero y perfecto como estaba de la tierra en su vida.

Y la relación que pueden tener con Él

todos sus hijos, es la más bella, la más estupenda, la más poética que imaginar se pueda; la de alimentarse de Él; de comer, bajo las especies del pan, su carne, verdadera comida; es decir, tan verdaderamente su carne, como verdaderamente es comida el pan. Admirable hallazgo de su infinita sabiduría, de su infinito poder, de su infinito amor, que con la mayor intimidad de la unión personal indicada por la comida, compensa la mayor oscuridad a la cual se ha reducido para ejercitar nuestra fe, *Mysterium fidei.*

En esta mayor oscuridad Él ha reproducido el período de su vida oculta, y con una perfección de analogía que son un milagro de belleza. El Padre Faber describió con mano maestra en su libro *El Santísimo Sacramento.* A nosotros basta aquí darle una mención.

Aquí en la Divina Eucaristía Nuestro Señor se ha quedado preso, como estaba en el virginal claustro de María; y hasta en una prisión más pequeña y oscura, es decir, bajo las especies del pan; prisión en la cual se mantuvo no sólo por algún tiempo sino siempre, hasta la consumación de los siglos. *Ego vobiscum sum usque ad consummationem sæculi.*

Aquí en la Divina Eucaristía ha reproducido aquel extremo grado de debilidad que distinguió su infancia. Recién nacido y por algunos años, Él dependía enteramente de la Madre, era incapaz de hacer uso de los sentidos, no podía ni hablar, ni caminar ni defenderse, ni proveer por sí mismo, al igual que todos los niños. Y así en la Eucaristía: ha renunciado al uso de su omnipotencia, incluso de los mismos sentidos, y necesita de los sacerdotes que lo lleven de un lugar a otro, que cuiden su servicio, que lo defiendan de los ultrajes.

Aquí en la Divina Eucaristía ha perpetuado el ocultamiento de la Casa de Nazaret, cuando Él vivió allí hasta treinta años, como si no fuera más que un pobre obrero, y la opinión pública lo creía hijo de María y José. Y en el Sacramento ha escondido no solo la divinidad, sino también la humanidad, renunciando a cualquier forma exterior, vuelto completamente invisible, de modo que la sola fe, y una fe robusta, capaz de creer no sólo lo que no ve, sino lo contrario de lo que ve, lo reconoce realmente existente bajo las especies del pan.

Estos primeros períodos de la vida de Jesucristo están reproducidos estupendamente en la Eucaristía. Nosotros podemos en ella contemplarlo, como encerrado en el seno de María, o recostado en el pesebre, o huyendo en brazos de San José hacia Egipto, o pendiente al cuello de la bendita Madre, o encorvado en el banco del trabajo, mudo, dulce, obediente, desconocido por todos. Y está bien. Nuestros templos, nuestros altares, nuestros sagrarios, son Belén y Nazaret, que se perpetúan para todos y por doquier.

IV
VIDA PÚBLICA

Pero esto no es todo Jesucristo, y si en la Eucaristía no se encontrara otro aspecto, tendríamos solo la mitad de Él.

El período más maravilloso de la vida de Jesús es cuando Él salió a evangelizar a los pobres. Un día dejó el taller, se alejó de la Madre, la dulce Madre, que Él había encantado con su presencia, obediencia y amor durante treinta años, casi olvidado de los intereses del Padre y de la salvación de la humanidad. San José, según la opinión unánime de los expositores, había muerto.

Entonces Jesús se rodeó de discípulos, comenzó a predicar el reino de Dios, y pasando de un país a otro devolvía la vista a los ciegos, curaba a los lisiados, sanaba a los enfermos, libraba a los endemoniados, resucitaba a los muertos.

Durante tres años llenó el mundo de su

nombre, derramó las más elegidas misericordias, obtuvo la mayor popularidad. Pero fue acusado, condenado, acusado a gritos digno de muerte, crucificado, y después de tres días surgió vencedor de la muerte y de sus enemigos.

Ahora observemos.

En este corto período el Salvador preparaba los elementos de su Iglesia. Y antes de cualquier otra cosa abrió una escuela; pocos pero elegidos fueron sus primeros alumnos, doce en total, que Él llamó apóstoles, porque los destinaba a introducir el anuncio de la Buena Nueva en toda la tierra. Y les dijo: No queráis buscar otros maestros en la tierra; uno solo es vuestro Maestro, y soy yo. Y yo os he manifestado todo lo que he oído de mi Padre, no como a siervos, sino como a amigos. Y lo he manifestado a vosotros, para que por vosotros lo conozcan todas las gentes; porque hasta el fin de los siglos mi Iglesia será escuela, y vosotros seréis sus Maestros, y todos los hombres serán sus discípulos.

Esta enseñanza de la verdad es la

ocupación suprema de Jesucristo, y es tanta su sabiduría, tanta la dulzura y la ternura con que imparte esta enseñanza, que las multitudes corren junto a Él y no saben desprenderse de Él; porque Él tiene palabras de vida, y de vida eterna. Y enseñando la verdad condena los errores, condena las adulteraciones de la ley de Dios, reconduce las instituciones fundamentales de la familia y de la sociedad a los principios, enseña el orden de los bienes, el respeto a las autoridades públicas; en una palabra, revela a los Apóstoles todas las verdades necesarias para que los hombres puedan alcanzar la gracia y la gloria.

De toda esta pública actividad no hay nada en la divina Eucaristía, porque nada en ella es visible. En ella, la muerte y la pasión de Jesús se reproduce místicamente, se representa, se recuerda; pero Jesucristo no ejerce ninguna autoridad. Ninguna enseñanza de verdad, ningún gobierno de las almas, ningún poder legislativo o judicial... Nada. Silencio completo, pasividad absoluta, estado de muerte aparente. Entonces, o este perfil de Jesucristo debe encontrarse en otro lugar, o no se encuentra en la tierra, pero si no se encontrase en la tierra, Jesucristo permanecería entre nosotros en forma incompleta, a medias, y desventuradamente en la mitad menos importante en el interés de la Iglesia como reino, como redil, como edificio místico; porque es precisamente bajo este respecto que era necesaria la presencia de Jesús visible, y yo diría palpable, como autoridad viviente y operante.

Pues bien, todo esto no está en la Eucaristía, porque está en el Papado. Y esto se debe a que la caridad infinita del Corazón de Jesús no sólo ha pensado quedarse con nosotros realmente en el Santísimo Sacramento de su carne que se da en alimento de vida, sino que tiene pensado quedarse con nosotros moralmente, comunicando su autoridad y sus poderes a un hombre que lo represente visiblemente y que sea su Vicario. Y este hombre es el Papa. Mejor dicho, no, no es de un hombre que debe hablarse, sino de una institución, el Papado, que es el centro de la vida de la Iglesia.

Y nótese el paralelismo estupendo.

Como la institución de la Eucaristía fue con tanta anticipación prometida e insinuada en imagen, así también la institución del Papado. Puede muy bien decirse que desde los primeros días de su vida pública Nuestro Señor quiso preparar poco a poco el alma de sus discípulos a estas dos grandes instituciones que serían el máximo milagro de su caridad y de su providencia; a estas dos grandes instituciones que juntas lo reproducirían entero y perpetuarían su presencia en el mundo hasta el fin de los siglos.

Los hijos de la Iglesia eternamente encontrarían en Jesucristo el camino, la verdad y la vida; en Jesucristo operante invisiblemente, con su presencia real en la Eucaristía; en Jesucristo operante visiblemente, con su presencia moral en el Papado.

V

PEDRO

La primera promesa de la institución del Santísimo Sacramento la hizo Nuestro Señor un año antes de su muerte, en Cafarnaún, algunos días después de haber multiplicado en el desierto de Betsaida cinco panes y dos pescados para saciar a cinco mil hombres, además de las mujeres y los niños. Pero la primera promesa de la institución del Papado la hizo desde los primeros días de su vida pública. Se diría que su primer pensamiento, apenas iniciada su predicación, lo dirigió a Pedro.

Los primeros Apóstoles que se han acercado a Jesús —indicado por el Bautista como Cordero de Dios que quita los pecados del mundo— fueron Andrés y Juan de Zebedeo. Sin perder tiempo, Andrés trajo también a su hermano Pedro a Jesús. San Juan describió este primer encuentro de Jesucristo con Pedro en un único versículo del primer capítulo de su Evangelio, es decir, en pocas palabras, pero de una profundidad digna del alma delicada y sublime del discípulo amado. *Et adduxit (Andreas) eum (Simonem) ad Iesum. Intuitus autem eum Jesus, dixit: Tu es Simon Filius Jona: tu vocaberis Cephas, quod interpretatur Petrus.*

¡Qué elocuente que es este *intuitus*, lo miró atentamente, como si lo mirara hasta el fondo, *intus*! Tú eres Simón, hijo de Juan, el hermano de Andrés. Pues tú tendrás otro nombre, porque serás algo mejor de lo que hoy eres. Hoy eres Simón; nada más que un pobre pescador; pero serás otro, serás pescador de hombres, destinado a un oficio que será tuyo exclusivamente, y por eso sólo tú te pondrás por nombre Pedro. No te harás otro totalmente distinto, siempre seguirás siendo Simón, pero te pondrás por nombre Pedro. Ciertamente ni Pedro ni los otros que estaban presentes entendieron el sentido de la mirada y de la palabra del Maestro divino; pero fue una promesa solemne que especialmente a Pedro debió permanecerle esculpida indeleblemente en el pensamiento.

Y vino el día en que la promesa fue mantenida y fue cambiado el nombre a Simón. Dos años después, en Cesarea de Filipo, Jesucristo, que estaba rodeado de los doce que Él mismo había elegido y que lo habían seguido constantemente, preguntó a quemarropa: ¿Quién dicen los hombres que yo soy? Y los apóstoles dijeron: dicen que eres Juan Bautista, o Jeremías, o Elías, o algún otro Profeta. Y vosotros, dijo, ¿quién creéis que soy? Entonces Pedro dijo: Tú eres el Cristo Hijo de Dios, venido a este mundo. Y Jesucristo a Él: *Beatus es Simon Bar Jona quia caro et sanguis non revelavit tibi... Et ego dico tibi, quia tu es Petrus et super hanc petram ædificabo ecclesiam meam et portæ inferi non prævalebunt adversus eam. Et dabo tibi claves regni cælorum et quodcumque ligaveris super terram erit ligatum et in cælis et quodcumque solveris super terram erit solutum et in cælis.*

También aquí tenemos el nombre antiguo y el nombre nuevo. Tú eres bienaventurado, oh Simón, hijo de Juan. Pero yo te digo que tú eres Pedro. Te prometí que tendrías el nombre de Pedro, he aquí que ya lo tienes; tú eres Pedro. Y explica la razón de la mutación del nombre prometida desde el principio; porque sobre esta piedra, es decir sobre ti, edificaré mi Iglesia, y te daré las llaves del reino de los cielos. Mientras cumple la antigua promesa, hace una nueva. Tú eres Pedro: a su tiempo sobre ti edificaré mi iglesia y te daré las llaves del reino de los cielos. Hasta ahora eres Pedro. Ya he preparado el fundamento; en la hora fijada, sobre este fundamento levantaré el místico edificio, y te daré poderes tales, que desde la tierra se extenderán hasta el cielo, donde será confirmada y ratificada toda sentencia tuya, ya ate o desate.

Pasó aproximadamente un año más, Jesús padeció, murió, resucitó. Después de la resurrección se apareció a los discípulos, les dio la misma misión que Él había recibido del Padre, y comunicando a ellos el Espíritu Santo, confirió el poder divino de perdonar los pecados. Más tarde, mientras los Apóstoles estaban en una barca, Jesús se apareció en la orilla y solo lo reconoció el discípulo amado, el cual lo dijo a Pedro. Entonces Pedro se metió en el mar para alcanzarlo, y otros vinieron a Él sobre el barco. Llegaron a la orilla, y el Divino Maestro, después de comer con ellos, dirigido a Pedro le dice: Simón de Juan, ¿me amas más que estos? Y Pedro: Ciertamente, Señor, sabes que yo te amo. Jesús responde: *Pasce agnos meos*. Y una vez Jesús le pregunta si lo ama. Pedro se consterna y vuelve a protestar su amor, y Jesús le dice: *Pasce oves meas*.

¿Quiénes son los corderos, quiénes las ovejas de Jesucristo? Todos aquellos que entrarán en la Iglesia, y *todos* son confiados a la solicitud pastoral de Pedro. Un poco más adelante Jesús vuelve a aparecerse a los Apóstoles y les dice: Me ha sido dada toda potestad en el cielo y en la tierra. Id pues, enseñad a todas las gentes, bautizadlas en el nombre del Padre, del Hijo y del Espíritu Santo, enseñándoles a observar lo que yo os he mandado; y he aquí que yo estoy con vosotros todos los días hasta la consumación de los siglos.

Vosotros pues, parece que dijera Jesucristo, me engendraréis para el Evangelio a los hombres, que serán los corderos de mi redil, siendo vosotros sus madres. Yo estaré con vosotros; porque seré yo mismo que en esa situación os apacentaré, corderos y ovejas, por medio de Aquel a quien ha confiado todo el redil; estaré en medio de vosotros, mientras que en medio de vosotros estará Pedro, el Pastor supremo, que me representará.

He aquí la institución paralela a la de la Eucaristía. Ahora sí que Jesús puede prometer solemnemente que estará todo, y de modo perfecto y para siempre, con su Iglesia; realmente en la Eucaristía, moralmente en Pedro.

VI

PEDRO ES JESUCRISTO

El Papado es Pedro viviente en los siglos, como Pedro es Jesucristo, por el hecho de que Jesucristo ha dado a Pedro sus mismas prerrogativas y los derechos indiscutibles que tiene por ser Hijo de Dios y Salvador del mundo.

En efecto, para empezar desde el nombre, Piedra angular de la Iglesia, piedra suma o suprema es Jesús, como dice el Apóstol: *superædificati super fundamentum Apostolorum et Prophetarum, ipso summo angulari lapide Christo Iesu.* Los Apóstoles, es cierto, son fundamento de la Iglesia, pero todos juntos y con ellos Pedro, porque sin Pedro no hay colegio apostólico; pero Pedro lo es también solo. *Tu es Petrus et super hanc petram ædificabo ecclesiam meam.* De modo que los mismos

Apóstoles, aunque fundamento de la Iglesia, deben ser edificados en Pedro, que es el principal apoyo de toda la Iglesia, es decir, de los Apóstoles y de los fieles. Así pues, Pedro es aquel que es Jesucristo, suma piedra angular. Jesucristo lo es por naturaleza, Pedro por gracia; Jesucristo lo es por sí mismo, Pedro como representante de Él. Pedro, es decir Simón, siendo un hombre como los demás, no podría soportar el peso enorme de toda la Iglesia, que en él debe apoyarse, por estar sobre él edificada. Pero precisamente por eso el pobre Simón se ha hecho Pedro, tu es Petrus. toda su fuerza inmensa viene de la palabra de Jesucristo y la representación de Él. Su Palabra omnipotente ha dicho del pan; *éste es mi cuerpo*; y lo creemos: dijo a Simón; tú eres Pedro; pues Él lo es. Piedra angular Jesucristo, piedra angular Pedro. Pedro es Jesucristo. Siempre es Jesucristo que sostiene su Iglesia para que las puertas del infierno no prevalezcan nunca contra ella; pero en la Eucaristía, invisiblemente, y visiblemente en el Papado, en Pedro. Jesucristo es el buen Pastor; Él mismo se ha dado este nombre, y dijo que amó tanto sus ovejitas, como para dar su sangre por ellas; y las conoce una por una, y nadie las arrebatará nunca de sus manos. A San Pedro mismo lo ha llamado Príncipe de los pastores: *Princeps pastorum.* El pastor, se sabe, preside al redil, lo custodia, lo guía a los pastos de salud, lo defiende de las fieras, lo gobierna. Ahora, o todo esto Jesucristo lo hace aún en Pedro, o no lo hace más. Porque en la Divina Eucaristía cuida por cierto las almas de sus hijos, las protege de las asechanzas de los enemigos, las guía, pero individualmente, tomada una por una. Pero al redil, considerado como sociedad en su conjunto, no es Jesucristo que lo presida desde la Eucaristía; o, más exactamente, sí preside allí, pero de modo invisible. Y esto no podía bastar. Por eso ha dado este oficio a Pedro. Apacienta mis corderos, apacienta mis ovejas. Todo el redil encomiendo a tus desvelos, todo: Sé tú el Pastor visible, permaneciendo yo invisible; y tú ejercerás aquella parte de los cuidados visibles, públicos y sociales que la grey necesitará hasta el fin de los siglos.

Si lo hubiéramos elegido nosotros como

Pastor, habríamos hecho ultraje a Jesucristo. Pero cuando es Él mismo que lo ha constituido Pastor, es evidente que tuvo que darle todos los derechos inherentes al oficio; derechos a los cuales por absoluta necesidad corresponde en el redil el deber de dejarse apacentar, de confiarse a Él en todo, en la certeza de que Jesucristo Hijo de Dios guiará Él mismo a Pedro, que hace sus veces, para que las almas estén dirigidas al cielo.

El Pastor supremo de la Iglesia es siempre Jesucristo, pero representado por Pedro. En Pedro Él ejercerá la plenitud de poderes y autoridad a que ha renunciado en su permanencia eucarística.

VII
CONTINUACIÓN DE LO ANTERIOR

Jesucristo es el monarca supremo del reino de Dios, el jefe de la Iglesia. En Él todo se centra, todo se recapitula, para que todo sea restaurado en Él: de Él todo se origina, en Él todo se ordena, por Él todo se vivifica, en Él todo se cumple. Y esto se debe a que, si la Iglesia existe y vive, se mueve y desarrolla su actividad, combate a los enemigos y triunfa de ellos, protege a sus hijos y los salva, es siempre en nombre de Jesucristo, por la virtud de Jesucristo, por la asistencia de Jesucristo. Pero toda esta autoridad y esta suma de poderes el Divino Salvador la ha concentrado en manos de Pedro. A ti te daré las llaves del reino de los cielos.

Las llaves de la casa pertenecen a quien es su legítimo dueño, y si por venta o cesión se transfiere su dominio, se lo indica por uso común, en Oriente y Occidente, con la entrega de llaves. Como la casa, así una ciudad o un reino se entrega con el símbolo de las claves.

Y nada se sustrae a la autoridad de Pedro. Y todo lo que ates la tierra será atado en el cielo, y todo lo que desates en la tierra será desatado en el cielo.

Estas mismas palabras fueron dichas a todos los Apóstoles y a Pedro con ellos; pero fueron dichas sólo a Él, casi como para explicar más claramente el símbolo de las llaves. Así, el reino de Dios del cielo está subordinado al reino de Dios de la tierra; Jesucristo mismo renuncia a atar o desatar a nadie; pero tendrá por atado o desatado lo que los Apóstoles con Pedro, o Pedro solo, aten o desaten. Nadie se sustrae a la autoridad del colegio apostólico; pero nadie se sustrae a la autoridad de Pedro. Todos los hombres están sujetos a los Apóstoles que juzgan con Pedro; pero los mismos Apóstoles, uno por uno, están sujetos a la autoridad de Pedro. Es evidente; Pedro es Jesucristo en la Iglesia por la autoridad suma, suprema, universal, ilimitada.

Es la autoridad que necesita la Iglesia; es el poder público sin el cual la Iglesia no puede ni existir, ni obrar, ni durar, como cualquier otra sociedad. Y es precisamente esta autoridad pública, este poder público, que Jesucristo no ejerce en la divina Eucaristía.

Es Jesucristo por Pedro que crea nuevos obispos y los manda a todos los puntos del viejo y nuevo mundo para que apacienten el rebaño encomendado, para que multipliquen los sacerdotes, para que conduzcan a la salvación de la porción de la grey confiada a su gobierno. Quien aspira al sacerdocio se preparará, para ser digno de él, alimentándose del pan de los fuertes; pero la Sagrada Unción no la recibirá de Jesús en la Eucaristía, sí del Obispo; como el Obispo recibió su consagración del Papa. Es Jesucristo, por Pedro, que da las leyes que regulan el cuerpo de la Iglesia, ordena la jerarquía, distribuye las diócesis, establece las reglas de la vida y del culto, los ritos de la administración de los Sacramentos y de las públicas oraciones, y así sucesivamente; cosas todas que no hace en la Santísima Eucaristía. En la Eucaristía es el Jefe, es Monarca de la Iglesia, pero invisiblemente; en San Pedro lo es visiblemente.

Y finalmente Jesucristo es el Maestro único de la humanidad; Maestro infalible, por ser infinita Sabiduría. Más aún: Él dijo ser la verdad, *Ego sum veritas,* y por eso ha venido a la tierra para dar testimonio de la verdad, es decir para enseñarla los hombres. *In hoc natus sum ut testimonium perhibeam veritati.*

Y de hecho la ha enseñado toda. *Omnia quaecumque audivi a Patre meo, nota feci vobis.* Pero en la divina Eucaristía Él ha renunciado al uso de esta palabra de la cual Pedro, en el impulso de su amor, dijo: ¿A quién iremos nosotros? Tú tienes palabras de vida eterna. Y es porque esta palabra la puso en la boca de Pedro, constituyéndolo infalible Maestro de la fe. *Rogavi pro te ut non deficiat fides tua. Et tu aliquando conversus confirma fratres tuos.* Cualquier otra fe puede desfallecer, no la de Pedro, porque esta fe tiene tanta importancia, que Jesucristo la hizo objeto de una oración especial por el Espíritu Santo, por la unidad de su Iglesia. Y nótese que la primera de estas oraciones fue hecha por Pedro: *Rogavi*; mientras que para obtener el Espíritu de la verdad se reservaba orar no bien vuelto al Padre, *rogabo Patrem*; y la oración por la unidad de la Iglesia la hizo después de la Última Cena, *Rogo Pater, ut sint unum sicut et nos*; y entonces la oración por la fe de Pedro ya estaba hecha.

Y toda la Iglesia aceptará la palabra de Pedro y creerá, porque la reconocerá infalible, incapaz de errar, como la misma palabra de Jesucristo. Dado que Jesucristo es infalible por naturaleza y Pedro por la gracia, es decir, por asistencia del Espíritu Santo que no dejará nunca la Iglesia —*spiritum veritatis, ut maneat vobiscum in æternum*— y por eso nunca permitirá que Pedro enseñe un error, para que toda la Iglesia, obligada a dejarse apacentar por Él, no sea inducida a error.

El silencio eterno de la Eucaristía es compensado por la palabra viva de Jesucristo, de la cual la palabra de Pedro no es sino el eco fidelísimo.

VIII
EUCARISTÍA
Y PAPADO

Jesucristo está entonces todo entero con nosotros en la Eucaristía y en el Papado. En la Eucaristía habla a las almas, en la intimidad confidente del amor, una palabra secreta, dulcísima, entendida sólo por el oído de quien ama; en el Papado habla a toda la Iglesia una palabra pública, solemne, autoritativa, que es oída por todos y que es la guía segura de la creencia y la vida cristiana. En la Eucaristía cuida las almas con la interior dulzura de sus comunicaciones, y las nutre con sus mismas carnes, verdadero alimento de vida eterna; en el Papado apacienta toda su grey con la verdad y la justicia, alimento de vida para la inteligencia y voluntad de los hijos de Dios. En la Eucaristía guía, gobierna, fortifica, sostiene las almas a través de las luchas con los enemigos invisibles, entre las angustias de las dudas, entre las espinas de los dolores; en el Papado guía toda la Iglesia en el desarrollo de la vida social, en medio de las luchas y persecuciones del mundo rebelde, entre las convulsiones de las falsas doctrinas y máximas perversas. En la Eucaristía es fuente perenne de virtud y perfección, de santidad y heroísmo, de amor y abnegación; en el Papado es Maestro infalible, para que la virtud falsa no se confunda con la verdadera, para que la perfección no sobrepase los límites asignados por la misma ley divina, para que el heroísmo no se imponga como regla, para que la abnegación no violente la naturaleza humana. En la Eucaristía atrae a sí las almas y se las une indisolublemente, y desarrolla toda su energía para que triunfen siempre y de todos los enemigos espirituales; en el Papado conserva la Iglesia siempre una, siempre santa, siempre fecunda, siempre victoriosa de cualquier enemigo, perpetua e indefectiblemente Iglesia divina.

Así la Iglesia tiene un solo Jefe, Jesucristo, invisible en la Eucaristía, visible en el Papado; un solo pastor, Jesucristo, invisible en la Eucaristía, visible en el Papado; una sola piedra angular, Jesucristo, invisible en la Eucaristía, visible en el Papado.

Sociedad de hombres, es decir, seres compuestos de alma y cuerpo; sociedad exterior, visible y pública, necesitaba un Jefe, un Pastor, un fundamento visible, palpable; quiero decir un hombre que fuera centro de la vida de esta sociedad; autoridad suprema que produciera la unidad, la armonía de las voluntades individuales hacia el objetivo social; principio de fuerza no sólo para producir la cohesión de los componentes de la sociedad en la única ley moral, sino también su expansión, para asociarse perennemente nuevos miembros, para dilatar sus tiendas, para continuar el giro de los mares y mundos, predicando el Evangelio, enseñando a las gentes. Y todo esto era imposible que lo hiciera Jesús desde la Eucaristía, y lo hace con el Papado. La Eucaristía es Jesucristo, el Papado es Jesucristo.

IX
SOMBRAS Y LUZ

Estas relaciones entre la Eucaristía y el Papado son, sin duda, estupendas y bastante evidentes. Sin embargo, hay otras no menos hermosas ni menos evidentes. He dicho que Nuestro Señor ha compendiado en la divina Eucaristía su vida escondida, y en el Papado su vida pública.

Pero, como en uno y otro período queda siempre una parte visible y una parte invisible, así en las dos instituciones, que ambas son dos grandes misterios, existen también lo visible y lo invisible netamente diferenciados, pero coexistentes al mismo tiempo, por un magnífico milagro de la sabiduría y omnipotencia divina.

En la Eucaristía lo visible es el pan, lo invisible es la esencia de la Santísima Carne de Jesús, en la cual se convierte la sustancia del pan por la transubstanciación. Así quedan visibles y palpables los accidentes del pan, aunque no tengan más la propia sustancia. Los accidentes son el color, el sabor, la forma, todo lo que cae bajo los sentidos: pero la fe nos enseña que, bajo el velo de los accidentes, está Jesucristo real y sustancialmente presente.

Del mismo modo, en el Papado lo visible es el hombre, lo invisible es Jesucristo con toda su autoridad y sus poderes. Y el hombre sigue siendo cual era antes en el orden de la naturaleza y en el orden de la gracia; con su ingenio, con sus talentos, con sus inclinaciones, hasta con sus debilidades y culpas; Simón sigue siendo Simón, hijo de Juan; pero toda esta sorprendente variedad de individuos, en cuanto a los poderes y a la autoridad, es Pedro; *tu es Simon, vocaberis Petrus*; Pedro, es decir, Jesucristo.

Los teólogos han estudiado aquel complejo de milagros que la omnipotencia de Jesucristo realiza en la transubstanciación, muchos de los cuales son además de primer orden, especialmente los que afectan la sustancia, los accidentes y el modo de existencia. Por ellos nosotros tenemos a todo

Jesucristo bajo las especies del pan; todo en todos los puntos de la tierra; todo en cada hostia consagrada y en cada parte, aún pequeñísima. Y bien acertadamente el Angélico, que los analiza a uno por uno en esa síntesis maravillosa del gran misterio que es el *Lauda Sion Salvatorem*; pudo solemnemente afirmar que la Eucaristía es: *miraculorum ab ipso factorum maximum*: el máximo de los milagros hechos por Jesucristo. La cosa, bajo otras palabras, había sido dicha por San Agustín: *cum esset omnipotens plus dare non potuit*. También en este sentido el paralelismo con el Papado es magníficamente hermoso. En el Papado uno es Simón, otro es Pedro. Simón, que es lo que aparece, es el hombre con todas sus miserias; Pedro, que es lo que no se ve, es Jesucristo con sus perfecciones, con sus propiedades, con sus poderes sin límites. Simón dirá: Soy Hijo de Adán y nada de lo que es posible en todos los demás hijos del hombre es imposible en mí; Pedro dirá: *Data est mihi omnis potestas in cœlo et in terra*; todo está en mis manos; el reino de Dios del cielo está subordinado al reino de Dios de la tierra, y las claves de este reino las tengo yo; todo lo que puede Jesucristo lo puedo yo.

Como Jesucristo es al mismo tiempo hombre y Dios; Dios perfecto y hombre perfecto —Dios igual al Padre, hombre igual a la Madre y en todo semejante a los hermanos, excepto el pecado—, así en el Papado se realiza esta especie de fusión de las miserias humanas y los poderes divinos en una sola persona; la cual, permaneciendo perfectamente humana en la naturaleza, es perfectamente divina en la autoridad; admirable mezcla de grandezas y de miserias, de perfección y de defectos, sombras y luz, que es espectáculo estupendo para mundo, los ángeles y los hombres.

X

LO HUMANO Y LO DIVINO

Monseñor Bougaud[1] enumera siete milagros que Jesucristo hace en esta institución que se llama Papado. No creemos que puedan paragonarse a los que Él hace en la transubstanciación; al contrario, no queremos discutir si puedan llamarse milagros en el verdadero sentido teológico de la palabra. Sin embargo, podemos aceptar la palabra, siempre que se entienda en sentido de milagro moral, es decir, obra que no sería humanamente posible, sin especialísima asistencia de Dios. Estos milagros ocurren ora en la persona que

---

[1] *Le Christianisme et les temps présents. — Tome Quatrième — l'Église.* El primero que haya referido a este paralelismo entre la Eucaristía y el Papado, es el Padre Faber, en su libro *El Santo Sacramento.* Mons. Bougaud lo ha volcado en la obra citada.

ejerce el oficio de Pedro, ora en la institución, quiero decir en el Papado, que abarca la sucesión de las personas. Entre los primeros está la prerrogativa de la infalibilidad. Ningún hombre, y por ende tampoco Simón, tiene el don de la imposibilidad de errar en la búsqueda de la verdad; antes bien, si hay algo ante lo cual han temblado hasta las inteligencias más elevadas, es la posibilidad, y a veces la facilidad, de errar. Basta tan poco para ello. Pedro empero es infalible, y es imposible que él, ejerciendo el oficio de pastor supremo, enseñe a toda la Iglesia un error en torno a la fe o la moral. Imposible, porque siendo él el Vicario y el representante de Jesucristo, su palabra es y debe ser absolutamente verdadera, por la asistencia del Espíritu Santo, que no permitirá nunca que toda la Iglesia sea inducida a error. En la palabra de Pedro está la palabra de Jesucristo, Palabra de vida y de vida eterna.

Y en este primer milagro está contenido uno segundo. El hombre es pecador, porque no tiene impecabilidad; y por eso Simón puede, como cualquier otro hijo de Adán, cometer también las faltas más graves. Ahora bien, precisamente a este hombre pecador está concedida la infalibilidad; para que, aún al pecar, no enseñe nunca, como Maestro universal, un error contra la fe o contra la moral.

Y a esto se añade algo tercero. Quien peca, si puede, se rebela contra la verdad que lo redarguye, e intenta acomodarla a sus gustos; se rebela contra la ley que lo condena por su pecado, e intenta ablandarla, desnaturalizándola o hasta negándola. Todo esto podría hacerlo Simón; Pedro no; y, aunque pecador, custodiará inmaculado el depósito de la fe y la moral y lo predicará a la Iglesia, aunque esta predicación sea la condena de sus mismas obras.

A estos primeros milagros que ocurren en la persona de Pedro, pueden añadirse los que ocurren en el Papado, es decir, en el conjunto de la sucesión personal.

El hombre pasa, es decir Simón muere, la institución queda, porque es eterna como Dios, como Jesucristo, y no sujeta a los límites del tiempo. El hombre pertenece a tal familia, a tal ciudad, a tal nación; es Simón, hijo de Juan, galileo; la institución, es decir, el Papado, es universal como la Iglesia cuyo jefe él es; no es italiano, no griego, no francés, no inglés: no es noble o plebeyo; es Jesucristo, el hombre por excelencia, que, como a todos los tiempos, pertenece a todos los lugares, y cualquiera que sea su patria, convertido en Pedro es romano. El hombre es frágil, débil, tímido; puede ser un viejo decrépito: la institución, es decir, el Papado, es la piedra inmóvil, la piedra invencible, la piedra inquebrantable. Todos pueden ser doblados o triturados, y por consiguiente también Simón; Pedro no; es indefectible como Jesucristo de quien es Vicario y como la Iglesia cuyo jefe es.

De aquí nace el gran milagro de la inmutabilidad de la Iglesia que se basa en la inmutabilidad del Papado. Inmutable en la enseñanza de la verdad y en la conservación de lo que es esencial a la Iglesia por institución divina; sin embargo se adapta a todos los tiempos, a todos los lugares, a todas las personas, a todas las civilizaciones; está a la cabeza del movimiento del mundo hacia lo perfecto, y bendice las múltiples formas del progreso de los hombres y de la humanidad, todos los esfuerzos de la mente humana, y hasta sus vuelos más atrevidos. Y, como Jesucristo, la Iglesia es siempre antigua y siempre nueva, siempre inmutable y siempre adaptable, está siempre inmóvil y siempre progresando. El Papado es por ello una institución que nada tiene de común con las instituciones creadas por los hombres, y no puede compararse a ninguna otra, porque, como Jesucristo, es humanamente divina y divinamente humana.

XI

EL PAPA ES JESUCRISTO

Cuando a nuestros niños de la escuela del catecismo preguntamos: *¿Dónde está Jesucristo?* nos responden: *en el cielo y en el Santísimo Sacramento.*

Y está muy bien, porque se habla de la presencia real, la cual está en el cielo resplandeciente de gloria infinita, y en la Eucaristía escondida bajo los velos de los accidentes del pan. Y la gloria suprema de la Iglesia es poseer a su divino Esposo bajo la forma del alimento que aquí es centro de la vida de fe, como en el cielo es centro de la visión beatífica. Así en Jesucristo se centra el reino de Dios en el cielo y el reino de Dios en la tierra; dos reinos tan íntimamente ordenados el uno al otro, que constituyen el único reino de Jesucristo.

Bienaventurados los comprensores que Lo ven cara a cara, y en el resplandor de la gloria por Él son elevados a la visión de la esencia misma de Dios, que los hace eternamente felices. Dichosos nosotros que, aunque no lo veamos develadamente, lo tenemos aquí, lo poseemos presente aunque escondido; pero de la espantosa oscuridad somos compensados por la inefable suerte de poder alimentarlos de sus carnes santísimas.

Pero entre nuestro pueblo corre el adagio: *Dios en el cielo y el Papa en la tierra*. Frase fuertísima que refleja la fe viva con que creemos que el Papa es Vicario de Jesucristo, Vice-Dios, nuestro dulce Cristo en la tierra; fe viva, que justifica plenamente la veneración altísima que damos al Papa, y que escandaliza a los incrédulos y provoca su indignación o burlas.

Nosotros nos arrodillamos a los pies del Papa, como ante Jesús en el Sacramento; nosotros le besamos los pies, como los besaríamos a Jesucristo si tuviésemos la suerte de presentarnos a Él. Quien en el Papa mira al hombre con los ojos de la carne, puede encontrar exagerados los homenajes que a él prestamos; pero quien, con el ojo de la fe, mira en el hombre Simón a Pedro, el representante de Jesucristo, no puede no hallar justificada plenamente nuestra veneración. No es ante el hombre que nosotros nos prostramos, sino ante el hombre elegido por Jesucristo para ser lo que es Él mismo, piedra fundamental y jefe de su Iglesia, Monarca de su reino, Pastor de su redil. Nosotros no hacemos por Él sino lo que por Jesucristo viviente bajo sus ojos hizo la Magdalena, o el ciego de nacimiento, o los Apóstoles, o los discípulos. Compuestos de alma y cuerpo, si es nuestra delicia contemplar con las miradas del alma a nuestro Divino Redentor en el místico escondrijo de la Eucaristía, es también nuestra delicia desplegar nuestro amor y nuestra veneración a aquel que está en lugar del mismo Divino Redentor; amor y veneración que se expresan con los homenajes más profundos, con los honores más altos, con la veneración más humilde. Y el esplendor de la magnificencia con que la piedad católica quiere ver rodeado al Papa, es impuesto por la fe que, en el Papa, nos hace reconocer a Jesucristo y por ello la más alta autoridad de la tierra, el culmen del Sacerdocio y del Episcopado, el monarca supremo del reino de Dios, el centro de la Iglesia divina.

XII

EL CAMINO, LA VERDAD, LA VIDA

El Pedro viviente en tiempos nuestros, que lleva el nombre de León XIII, este Pontífice prodigioso que a los 90 años tiene tal vigor y fortaleza de vida para poder soportar con pulso firme y guiar con la mente altísima la mística barca de la Iglesia a través de un mar tan proceloso e inseguro, ha levantado su voz poderosa para llamar a hombres y naciones a Jesucristo, Camino, Verdad y Vida.

Esa maravillosa Encíclica *De Jesu Christo Redemptore*, es una invitación dulcísima, que Él dirige con paternal ternura, a las traicionadas generaciones, para que vuelvan a los brazos de Jesucristo a encontrar en el corazón de Él la paz. ¡Ojalá la oyesen hombres y naciones!

Jesucristo es el camino, camino seguro por el cual se llega a la salvación; pero este camino Jesucristo lo señala por medio de su Iglesia.

Jesucristo es la verdad, verdad plena y sin mezcla de errores, en la cual encuentra su bienaventuranza la humana inteligencia; pero esta verdad Jesucristo la predica por medio de su Iglesia.

Jesucristo es la vida, vida plena, que es la paz del corazón humano; pero esta vida la comunicará por medio de la Iglesia.

La salvación del mundo está entonces puesta en la vuelta a Jesucristo por medio de la Iglesia. Es la Iglesia, que, en nombre y con la autoridad de Jesucristo, indica el camino con la predicación de la ley moral; de aquella ley moral inflexible que no transige nunca, ni pacta con el vicio, con la iniquidad, con la injusticia, ya se encuentre en los pequeños, o en los grandes; pues ante la Iglesia, en orden al bien y al mal, tanto vale el alma de un rey, como la de un pueblero. Haga ruido el mundo, conjure el universo, para solicitar a la Iglesia una condescendencia vil, o a falta de otra cosa, el silencio; la Iglesia sin miedo seguirá señalando el camino; y quien no la escuche, es para su daño, porque se romperá el cuello.

Es la Iglesia que en nombre y con la autoridad de Jesucristo enseña la verdad que ha recibido como sagrado depósito para custodiar inviolado. Las herejías más poderosas y recalcitrantes, los cismas de Oriente y Occidente, las persecuciones más feroces, las pretensiones de los Césares, las sediciones de los pueblos, los choques de las facciones, las conspiraciones de las sectas, la apostasía de media Europa, los sofismas de la ciencia secular, los asaltos del racionalismo; no lograron nunca cerrarle la boca, porque respondió siempre como los Apóstoles: *non possumus non loqui*; no lograron nunca arrancarle una modificación del Credo, o disminuir o suprimir una sola verdad revelada.

Es la Iglesia que en nombre y con la autoridad de Jesucristo comunica su vida. Ella es la mediadora de la salvación; por sus manos descienden a las almas los celestes carismas de la gracia por medio de los Sacramentos; sus bendiciones santifican al hombre y todas sus cosas; sus oraciones abren el corazón de Dios a misericordia hacia los culpables y desarman la divina justicia; ella, como Jesucristo, es la vid, sus hijos son los sarmientos, los cuales de ella toman parte en los temperamentos vitales que alimentan la vida, la desarrollan, la fortalecen, la fecundan.

Pero quien dice Iglesia, dice Papado. Sin Papado la Iglesia no existe, no puede existir; porque sería edificio sin fundamento, cuerpo sin cabeza, reino sin monarca. Y a la Iglesia le es necesario el fundamento, el jefe, el monarca invisible que es Jesucristo en la divina Eucaristía, y aquel que lo representa visiblemente, que es el Papado.

El Papado, entonces, como Jesucristo, es el camino, la verdad y la vida en el sentido de que sólo por medio de la Iglesia, cuyo jefe supremo es el Papado, y en consecuencia solo por medio del Papado, es posible conocer el camino seguro, tener enseñada la verdad verdadera, poseer la vida de la gracia. En efecto, el Papado es el Maestro supremo de la fe y la moral, Maestro infalible como Jesucristo; el Papado es la fuente de toda jurisdicción, porque es el supremo ministro de los Sacramentos.

XIII
EL PAPADO E ITALIA

Se ha dicho: *Salus Italiæ Pontifex*; y está bien.

Italia es la predilecta de las Naciones, por estar destinada a ser la patria de Jesucristo representado por su Vicario. El dominio del mundo pasó del Oriente al Occidente. Roma había heredado el cetro de los más colosales imperios, asirios, medos, persas, griegos, y se había convertido en el centro de la unidad material del mundo, como ninguna otra ciudad jamás. Roma era el encuentro de todas las naciones; todas las lenguas se fundían en la lengua del Lacio, y un edicto de César Augusto mandaba *ut describeretur universus orbis*. He aquí la nueva y verdadera Jerusalén que sustituiría la antigua. De allí, desde Roma, más fácilmente se difundiría la luz de la verdad. Todos los pueblos la conocían y podían ser sus ciudadanos. Y, como dice San León, ¿en qué lugar podía ignorarse lo conocido en

Roma? Y Pedro, el Jefe de la gloriosa dinastía que se llama Papado, viaja a Roma, allí predica el Evangelio, allí muere. Desde aquel día una Roma nueva, más grande, más augusta, más universal, más santa, la Roma de los Papas, era consagrada capital del mundo.

El ritual candelabro de siete brazos fue más tarde arrebatado por los Romanos conquistadores al templo de Jerusalén, y trasladado a Roma. Se ve entre los bajorrelieves del Arco de Tito que el ala del tiempo ha respetado hasta nuestros tiempos. No tenía más razón de ser el candelabro de bronce, hecho por mano de los hombres, cuando la misma Roma, la ciudad de las siete colinas, era el candelabro viviente cuya luz alejaría las tinieblas del mundo todo.

Italia, pues, la tierra afortunada donde surge la cátedra santa del Vicario de Jesucristo, ha sido vinculada por la divina Providencia al Papado; y su misión es la de ser la guardiana de la sede del Pontificado, la guardiana del Papado; y como para todos los siglos la gloria suprema de Italia es poseer a Roma, que es el centro del mundo, así la gloria suprema de

Italia y su salvación es rodear de veneración, de amor, de protección, a la Roma Papal.

¡Ojalá llegue pronto el día en que nuestra dulce Patria, reconciliada con Jesucristo y con el Papado, vuelva a sus gloriosos destinos de ser la primera de las Naciones, la Nación Maestra para las gentes por cristiana civilización y cristiano progreso!

XIV

EL PAPADO
Y EL MUNDO

Pero no es sólo de Italia que debe hablarse y más exactamente puede decirse *Salus mundi Pontifex*, como *Salus mundi* es Jesucristo. Lejos de Jesucristo está la muerte, lejos del Papado está la muerte. Y es por ello que el deseo más hermoso que se puede hacer en el siglo XX, es que sea el siglo de Jesucristo, mejor que todos los demás siglos; y en consecuencia, el siglo del Papado.

Todos los siglos son de Jesucristo y son del Papado. *Fide intelligimus aptata esse sæcula Verbo Dei*. Es maravillosa esta frase escultórica del apostolado; los siglos están adaptados a Jesucristo, porque todos deben servir a su gloria; porque Él es el Rey de los siglos inmortal. Pero Jesucristo es glorificado tanto con el amor que adora como con el odio que persigue.

El siglo ya pasado fue la glorificación de Jesucristo con la persecución; el siglo ahora comenzado, esperamos que sea la glorificación de Jesucristo con el amor.

Y cuando al alba de este siglo nosotros vemos que los católicos de todo el mundo, contra todas las previsiones de los tristes, han concentrado su fe y amor en Jesucristo, cuya potencia infinita se revela en las glorias del Pontificado Romano; cuando nosotros vemos como Jesucristo, en el Santísimo Sacramento y en el Papado, es objeto de amor tan entusiasta, que quizás no tenga par en ningún otro siglo, podemos bien esperar que el deseo nuestro no sea vano, y que realmente el siglo XX sea el siglo de la Eucaristía y del Papado.

El deber de los católicos en nuestros días es entonces éste: dirigir toda su actividad, toda su energía, todos sus esfuerzos, a cooperar al retorno de Jesucristo en la sociedad moderna que lo ha expulsado.

El fin supremo de lo que se dice Acción Católica es y debe ser este retorno de Jesucristo a la familia, a la escuela, a las instituciones públicas, a las leyes, a los ordenamientos civiles y políticos; porque sólo con Jesucristo volverá el camino, la verdad y la vida.

Pero Jesucristo no vuelve sino por medio de la Iglesia y del Papado. La Iglesia y el Papado son, pues, la única esperanza de salvación que tiene el mundo.

82

CONCLUSIÓN

Concentremos, pues, pensamientos, afectos y actividades en Jesucristo, tanto en la Eucaristía como en el Papado; en Jesucristo realmente presente en la Eucaristía, promoviendo con todas las fuerzas de nuestro ser la glorificación de su Corazón santísimo y Nombre dulcísimo, para que sea reconocida su soberanía sobre los individuos, las familias y la sociedad; para que su ley sea la norma de las leyes y acciones humanas; y para que todo el mundo lo alabe, le bendiga y lo ame.

Empero, no estén concentrados nuestros pensamientos, afectos y actividades sólo en Jesucristo realmente presente, aunque invisible, en la divina Eucaristía; sino también en Jesucristo, cuya presencia, moral pero visible, tenemos en su representante y vicario, que es el Papa; para que se respeten sus derechos, para que le esté garantizada la libertad y la independencia debidas a su altísimo Ministerio, para que ningún obstáculo atraviese el ejercicio de su suprema autoridad, y para que sea por todos escuchado, venerado y obedecido.

La Divina Eucaristía y el Papado serán la salvación del mundo.

Caltagirone en Sicilia, 1901.
Mons. M. Mineo Janny

¡Gracias al conciliábulo!
Escritos sedevacantistas
Patricio Shaw Mihanovich

*

Vida de la Iglesia
Marie–Raymond Cathala

*

El emblema central-circunferencial
entre grandes pensadores
Patricio Shaw Mihanovich

*

Cómo sobrevivir al Nuevo Orden Mundial:
Un manual de trinchera
(2.ª edición ampliada)
José Antonio Bielsa Arbiol

OPÚSCULOS

El error luterano
Austin Gibbon Burke

*

Crítica del laicismo
Thomas Pègues

*

**¿Puede la idea de sanción
servir para probar a Dios?**
Antonin–Dalmace Sertillanges

*

**Filosofía del poema sonoro: Nietzsche,
Richard Strauss y la voluntad de poder**
José Antonio Bielsa Arbiol

*

**Epicteto:
Iniciación al *Enquiridión***
José Antonio Bielsa Arbiol

*

**La muerte de la Novela:
Consideraciones polémicas**
José Antonio Bielsa Arbiol

*

Ecos de hélices lejanas:
Un siglo de música futurista
José Antonio Bielsa Arbiol

*

Menéndez Pelayo: La conciencia de España
(Una revisión filosófica)
José Antonio Bielsa Arbiol

*

Richard Wagner:
Metafísica y drama
José Antonio Bielsa Arbiol

**Misión en Brasil: Aventuras y
fundaciones de un agustino recoleto**
Mariano Bernad Sanz

**Cómo sobrevivir al Nuevo Orden Mundial:
Un manual de trinchera**
(2.ª edición ampliada)
José Antonio Bielsa Arbiol

✝

Esta primera edición de
LA EUCARISTÍA Y EL PAPADO
O SEA
LA PRESENCIA INVISIBLE Y VISIBLE
DE JESÚS EN LA TIERRA
se da a imprimir el 15 de abril de 2022,
festividad de San Telmo Confesor.

LAUS DEO

Printed in Great Britain
by Amazon

79594753R00052